HANS W. FASCHING

Probleme des Revisionsverfahrens

SCHRIFTENREIHE DER JURISTISCHEN GESELLSCHAFT e.V. BERLIN

Heft 40

1971

DE GRUYTER · BERLIN · NEW YORK

Probleme des Revisionsverfahrens

Skizze einer rechtsvergleichenden Betrachtung
der Revision im deutschen und im österreichischen
Zivilprozeß.

Von

Professor DDr. Hans W. Fasching
Wien

Vortrag gehalten vor der Berliner Juristischen Gesellschaft
am 12. 3. 1971.

W
DE
G

1971

DE GRUYTER · BERLIN · NEW YORK

ISBN 3 11 00 38 69 2

ÜBERSICHT

I. Aufgabe der Revision in der BRD und in Österreich.

II. Verschiedenheiten der Revision de lege lata.

    a) Statthaftigkeit (Revisionsbeschränkungen — Revisionszulassung).

    b) Revisionsgründe (§ 549 Abs. 1 dZPO. — § 503 öZPO.; Tat- und Rechtsfrage; Revisibilität unbestimmter Rechtsbegriffe).

    c) Insbesondere die Rechtsrüge (Revisibilität ausländischen Rechts; Erfahrungssätze; Überprüfung von Sachverständigengutachten; Eignung naturwissenschaftlicher Erkenntnismethoden im Abstammungsverfahren; Verletzung der logischen Denkgesetze und der Gesetze des sprachlichen Ausdrucks).

    d) Zum Revisionsverfahren (Mündliche Revisionsverhandlung).

III. Erkennbare Entwicklungstendenzen.

    a) Verlust der Ausnahmestellung der Revision.

    b) Funktionswandel der Revisionsentscheidung (Lehrbuchcharakter; Argumentationsfreudigkeit).

IV. Eigencharakter der Revision.

I. Aufgabe der Revision in der BRD und in Österreich

Wenn ich den Versuch unternehme, ein zentrales Gebiet des Prozeßrechtes, in dem der Literaturzuwachs im deutschen Raum immer größer wird[1], aufzugreifen und der Revision einige Gedanken zu widmen, dann deshalb, weil kaum ein anderes Institut des Rechtsschutzes so sehr die objektiven und die selbstgewählten Grenzen des Rechtsverfahrens erkennen läßt wie gerade die Revision. Daß ich mich dabei naheliegenderweise der rechtsvergleichenden Methode bedienen werde und dabei die Revision der deutschen und der österreichischen Zivilprozeßordnung vergleiche, findet seine Rechtfertigung darin, daß dadurch manche Eigenheiten und Entwicklungstendenzen des eigenen Rechtes einsichtiger werden. Außerdem möchte ich als Synallagma für die gelegentlich notwendige kritische Betrachtung mancher deutscher Lösung zumindest ein gleiches Gewicht kritischer Betrachtung bezüglich der österreichischen Revision anbieten.

Sowohl im deutschen[2] wie im österreichischen[3] Zivilprozeßrecht ist die Revision das Rechtsmittel gegen Urteile zweiter Instanz, das an die höchste und dritte, zentrale Instanz des ordentlichen Instanzenzugs gerichtet ist. (Die hier weiter nicht behandelte deutsche Sprung-Revision hat kein österreichisches Gegenstück.) Über die Aufgabe der Revision ist viel geschrieben und gesagt worden. Zwischen zwei Extremen fächert sich die Vielzahl der Meinungen auf, nämlich zwischen der Auffassung, ihre alleinige Aufgabe liege in der Wahrung der Rechtseinheit[4], einerseits, und dem Gegenpol, sie habe ausschließlich die Aufgabe eines Rechtsmittels, im Einzelfall die sogenannte „Fallgerechtigkeit"[5] zu erzielen, andererseits. Der Gesetzgeber jedenfalls hat die Revision als Rechtsmittel im konkreten Rechtsstreit konstruiert; aus den Bestimmungen über die Rechtsmittellegiti-

---

[1] Dem Charakter eines Vortrages entsprechend sind die Literaturhinweise in den Anmerkungen nicht erschöpfend und sollen vornehmlich Hinweise für vertiefte Befassung bieten.

[2] § 545 Abs. 1 dZPO.

[3] § 502 öZPO.

[4] *Schwinge*, Grundlagen des Revisionsrechts[2] S. 26 ff.; *Henke*, Die Tatfrage, S. 191 ff.; *Jauernig* in *Lent-Jauernig*[15] S. 217; abgeschwächt *Schönke-Schröder-Niese* S. 396; *Bruns*, S. 459.

[5] *Stein-Jonas-Grunsky*, vor § 545 I 2; vermittelnd *Baumbach-Lauterbach*[30], vor § 545; *Blomeyer*, S. 560.

mation, das Revisionsverfahren, die Revisionsentscheidung und
den Kostenersatz geht klar hervor, daß sie nicht die Funktion
eines öffentlichen Kontrollmittels zur Wahrung der Rechtseinheit erhalten hat[6]. Man wird daher jedenfalls davon ausgehen
müssen, daß nach positivem Rechte Hauptaufgabe der Revision
die Entscheidung des Einzelfalles ist. Wenn der deutsche Gesetzgeber in den Motiven zum Ausdruck brachte, daß der über-
wiegende Grund der Revision nicht in der Rücksicht auf das
Parteiinteresse gelegen sei, sondern darin, eine einheitliche
Rechtsanwendung zu gewährleisten[7], dann hat er diese Absicht
im Gesetz nur unzulänglich zum Ausdruck gebracht, nämlich bei
der Umschreibung der revisiblen Gesetzesverletzung im § 549
dZPO. Der § 546 Abs. 2 dZPO., der die Revisionszulassung und
ihre Voraussetzungen regelt, und den man als zusätzliche Stütze
der Motive heranziehen könnte, versagt die Antwort auf die
ursprünglichen Intentionen des Gesetzgebers, weil er erst
wesentlich später ins Gesetz eingefügt wurde[8]. Die österreichische ZPO. ist ca. zwanzig Jahre jünger als die deutsche ZPO.
und hat in der Verfahrensgestaltung des Revisionsverfahrens
weitgehend auf das deutsche Vorbild zurückgegriffen. Hier hat
sich aber der Gesetzgeber auch in den Motiven jeder grundsätzlichen Äußerung über das Wesen und die Aufgabe der Revision
enthalten. Dies war wohl auch überflüssig, weil die Revision
jedenfalls bereits seit der Allgemeinen Gerichtsordnung
Josefs II. als Rechtsmittel in der Sache eingelebt war[9].
   Trotz dieser historischen Erkenntnisse wäre es aber verfehlt,
die Bedeutung der Revision für die Rechtseinheit zu leugnen.
Durch die sachgerechte Entscheidung des Einzelfalles und die
jeder mit Autoritätswirkung versehenen Spruchbehörde zwingend innewohnender Tendenz zur Kontinuität ihrer Entscheidungen bietet das Höchstgericht gleichzeitig weitgehend Gewähr
für die Wahrung der Rechtseinheit. Gerichtsorganisatorische
Maßnahmen, wie die Bildung verstärkter[10], großer und ver-

---

[6] *Blomeyer*, S. 560; *Stein-Jonas-Grunsky*, vor § 545 II.
[7] Darauf weist *A. Blomeyer*, S. 560, unter Berufung auf *Schwinge*, aaO.,
hin
[8] Gesetz zur Wiederherstellung der Rechtseinheit v. 12. 9. 1950, DBGBl.
I S. 455: Art. 2 Z. 87.
[9] §§ 260 f. der Allgemeinen Gerichtsordnung v. 1. 5. 1781, JGS. 13
(§§ 340 f. der Westgalizischen Gerichtsordnung v. 19. 12. 1796, JGS. 429).
[10] § 8 des BG. v. 19. 6. 1968, ÖBGBl. Nr. 328, über den Obersten Gerichtshof (OGHG.).

einigter großer Senate[11], sind außerdem geeignet, auf einer anderen Ebene die Einheitlichkeit und Widerspruchsfreiheit der Rechtsprechung wenigstens zum großen Teil zu gewährleisten, ohne daß dadurch der Charakter der Revision als Rechtsmittel verändert wird.

Funktion und Wesen der Revision in Deutschland und in Österreich scheinen also weitgehend parallel zu laufen. Umso aufschlußreicher muß daher eine Betrachtung geringfügig scheinender Unterschiede werden, die bereits bei der gegebenen Gesetzeslage bestehen; ebenso lassen sich vielleicht interessante Schlüsse aus der Entwicklungstendenz der Revision in beiden Ländern und aus deren Divergenz ziehen. Auf dieser Basis könnte — wenn auch von einem etwas ungewohnten Blickpunkt — Einsicht in das besondere Wesen der Revision gewonnen werden. Dieser Versuch soll hier unternommen werden.

II. Verschiedenheiten der Revision de lege lata

a) Statthaftigkeit

Bezüglich der *Statthaftigkeit* der Revision wird sofort ein deutlicher Unterschied erkennbar. Während die Revision in Deutschland nur gegen Urteile der Oberlandesgerichte zulässig ist[12] (abgesehen von der selteneren Sprungrevision[13]) und daher alle amtsgerichtlichen Rechtssachen aus dem Entscheidungsbereich des Bundesgerichtshofes ausgeschlossen sind, ist in Österreich die Revision auch bei den sogenannten bezirksgerichtlichen Rechtssachen zulässig[14]. Der Oberste Gerichtshof ist daher in die Lage versetzt, in allen Rechtssachen, gleichgültig ob sie in erster Instanz vor Gerichtshöfen oder Bezirksgerichten anhängig gemacht werden müssen, zu entscheiden. Insoweit ist dem Obersten Gerichtshof die Kontrolle des gesamten Zivilrechtsbereiches offen und die Praxis ist nicht gehalten, außer der Rechtsprechung des Höchstgerichtes auch die Rechtsprechung der Oberlandesgerichte und der Landesgerichte evident zu halten und deren Originalität zu berücksichtigen. Dem Vorteil der österreichischen Lösung steht der Nachteil des großen Geschäftsanfalles und damit die Gefahr der Qualitätsminderung gegen-

---

[11] §§ 132, 136 ff. GVG.
[12] § 545 Abs. 1 dZPO.
[13] § 566 a dZPO.
[14] § 502 Abs. 1 öZPO.

über, der allerdings durch vernünftige Revisionsbeschränkungen gesteuert werden könnte.

Über die Möglichkeit und Sachgerechtigkeit von Revisionsbeschränkungen ist viel geschrieben worden[15]. Lediglich ein einziger Punkt scheint mir nicht genügend erörtert. Das Institut der Zulassungsrevision im § 546 Abs. 2 dZPO. enthält eine meines Erachtens entscheidende Problematik, nämlich die Zulassungsvoraussetzung der „grundsätzlichen Bedeutung der Rechtssache". Es ist erstaunlich, daß sich in der unendlichen Fülle der Judikatur und der Rechtsliteratur kaum ein Versuch feststellen läßt, zu definieren, *wann* eine Rechtssache von grundsätzlicher Bedeutung ist[16, 16a]. Die Aussage des BGH., die grundsätzliche Bedeutung könne auch auf wirtschaftlichem Gebiete bestehen[17], der sich das BAG.[18] angeschlossen hat, bringt weder neue noch grundsätzliche Erkenntnisse. Auch der weitere Hinweis des BGH[19], es komme nicht auf die Erfolgsaussichten, sondern auf das Bedürfnis nach einheitlicher Rechtsprechung an, war eigentlich überflüssig, da die Erfolgsaussichten doch schon nach dem Wortlaut des Gesetzes außer Betracht bleiben.

Das in anderen Entscheidungen geforderte „Bedürfnis nach einheitlicher Rechtsprechung"[20] ist bei allen Entscheidungen des Zivilrechts gegeben, gleichgültig, ob es sich um Grundsätzliches handelt oder nicht; die Schädlichkeit widersprechender Entscheidungen ist nur graduell abgestuft[21]. Die Rechtsprechung scheint offenbar die Tatsache, daß gegen die Versagung der

---

[15] Siehe hierzu insbesondere *M. Baring,* Empfiehlt es sich, die Revision (Rechtsbeschwerde) zu den oberen Bundesgerichten (außer in Strafsachen) einzuschränken und ihre Zulässigkeit in den einzelnen Gerichtsbarkeiten einheitlich zu regeln? Verhandlungen des 44. dt. Juristentages, Bd. I/3 Heft A; *R. Pohle,* Gutachten, Verhandlungen des 44. dt. Juristentages Bd. I/3 Heft B.

[16] Ansätze zu einer Definition finden sich bei *Bruns,* S. 457.

[16a] Die erst nach meinem Vortrag erschienene Schrift von *Felix Weyreuther,* Revisionszulassung und Nichtzulassungsbeschwerde in der Rechtsprechung der Obersten Bundesgerichte, erörtert erstmalig klar und streng differenzierend die Zulassungsvoraussetzungen. Sie konnte beim Vortrag noch nicht berücksichtigt werden.

[17] BG 2, 397.

[18] BAG. 2,28 = JZ. 1955 S. 549, mit Anmerkung von *Baur.*

[19] BG in LM. § 219 BEG Nr. 7.

[20] Siehe Note 19.

[21] Es kann doch nicht angenommen werden, daß der Gesetzgeber zwei verschiedene Bereiche der Rechtsprechung schaffen wollte, einen, in welchem er widersprechende Judikatur tolerieren und einen Bereich, in welchem er Widersprüche vermeiden will.

Zulassung ein Rechtsbehelf nicht gegeben ist, als Einräumung eines kontrollfreien Ermessensspielraumes aufzufassen und man könnte fast den Eindruck gewinnen, als sei die Judikatur bestrebt, ja keine bundeseinheitliche Auslegung der Ermessensgrenzen aufkommen zu lassen.

Hier müßte eigentlich Farbe bekannt werden. Will man der Revision wirklich primär Rechtseinheitsfunktion zubilligen, dann müßte man die Zulassung deutlicher reglementieren, und zwar so, daß in jedem Oberlandesgerichtssprengel annähernd die gleichen Chancen bestehen, den Bundesgerichtshof anrufen zu können.

Ein daran anklingendes Problem ist auch in Österreich aufgetaucht. Als das Bundesministerium für Justiz die aus der Monarchie stammenden Rechtsvorschriften bezüglich des Obersten Gerichtshofes durch zeitgemäßes Recht ersetzen lassen wollte, wurde im § 8 des Regierungsentwurfes und im nunmehrigen § 8 des Bundesgesetzes über den Obersten Gerichtshof[22] die Zuständigkeit des verstärkten Senates festgelegt, der als Instrument der Wahrung der Rechtseinheit an die Stelle der bisherigen Einrichtungen des Spruchrepertoriums und des Judikatenbuches getreten ist. Deutlich inspiriert durch deutsche Vorschriften des GVG. wurde die Formulierung gefunden, der einfache Senat sei zu verstärken, wenn ... „die Entscheidung einer Rechtsfrage von grundsätzlicher Bedeutung" ... ein Abgehen von der bisherigen Rechtsprechung ... bedeuten würde[23]. Bevor aber diese Wendung im Gesetz verankert werden sollte, war vor allem der OGH. selbst bemüht, diese Begriffe zu determinieren, denn er wollte vermeiden, daß der Gesetzgeber lediglich eine Floskel des „Kurialdeutsch" verwendet; es handelt sich dabei doch um eine ständig wiederkehrende Wendung aus höchstgerichtlichen Entscheidungen, die zwar nicht inhaltslos geworden ist, aber doch nur als Kurzbegriff für eine unterlassene nähere Spezifizierung aufgefaßt werden kann. Dabei ergaben sich nach unserer Auffassung folgende Fallgruppen, in denen von Entscheidungen „von grundsätzlicher Bedeutung" gesprochen werden kann. Dies ist dann der Fall,

---

[22] OGHG. v. 19. 6. 1968, ÖBGBl. Nr. 328.

[23] Siehe dazu *Fasching*, Zur verfassungsrechtlichen Rechtfertigung der Bindung des Obersten Gerichtshofes an seine Grundsatzentscheidungen, FS. f. *Hans Schima* S. 133 ff.

a) wenn die Entscheidung für einen größeren Personenkreis oder einen größeren Bereich des öffentlichen Lebens von unmittelbarer rechtlicher oder wirtschaftlicher Bedeutung ist; b) wenn die Entscheidung für die Rechtsentwicklung selbst bedeutungsvoll wird; c) wenn die Entscheidung ein Einschreiten des Gesetzgebers zur Korrektur oder Ergänzung der Rechtsordnung zur Folge haben kann; d) wenn die Entscheidung geeignet ist, die Rechtsbeziehungen zu ausländischen Staaten oder anderen Völkerrechtssubjekten maßgeblich zu beeinflussen.

b) Revisionsgründe

Auch hier liegt ein entscheidender Unterschied auf der Hand. Während die deutsche ZPO. als Revisionsgrund in den § 549 Abs. 1, 550 dZPO. nur einen einzigen globalen Revisionsgrund, nämlich Gesetzesverletzung, kennt, ist in der österreichischen ZPO. eine taxative Aufzählung von 4 Revisionsgründen im § 503 öZPO. enthalten[24].

Die Vor- und Nachteile der beiden verschiedenen Regelungen und ihre Auswirkungen auf Lehre und Rechtsprechung können aufgezeigt werden. Wenn auch für beide Rechtsordnungen unbestritten erscheint, daß die Tatfrage der Revision an sich entzogen bleibt, so ist doch sowohl die Abgrenzung der Tatfrage von der Rechtsfrage wie auch die mittelbare Kontrolle des Verfahrens zur Gewinnung des Sachverhaltes verschieden beurteilt worden. So hat in Österreich aus der erschöpfenden Aufzählung der Revisionsgründe im § 503 öZPO. und der dort gebrauchten Formulierung: „wenn das Berufungsverfahren an einem Mangel leidet, welcher eine erschöpfende Erörterung und gründliche Beurteilung der Sache zu hindern geeignet war" die

---

[24] § 503 der öZPO. hat folgenden Wortlaut:
„Die Revision kann, vorbehaltlich der Bestimmung des § 502 Abs. 4, nur aus einem der folgenden Gründe begehrt werden:
1. weil das Urteil des Berufungsgerichtes wegen eines der im § 477 bezeichneten Mängel nichtig ist;
2. weil das Berufungsverfahren an einem Mangel leidet, welcher, ohne die Nichtigkeit zu bewirken, eine erschöpfende Erörterung und gründliche Beurteilung der Streitsache zu hindern geeignet war;
3. weil dem Urteile des Berufungsgerichtes in einem wesentlichen Punkte eine tatsächliche Voraussetzung zugrunde gelegt erscheint, welche mit den Prozeßakten erster oder zweiter Instanz im Widerspruche steht;
4. weil das Urteil des Berufungsgerichtes auf einer unrichtigen rechtlichen Beurteilung der Sache beruht."

oberstgerichtliche Rechtsprechung abgeleitet, daß andere Verstöße gegen ein Prozeßgesetz keinen Revisionsgrund bilden können[25]. Richtige Auslegung des Gesetzes muß wohl dazu führen, die Verletzung von Verfahrensvorschriften, die die *unrichtige* Entscheidung zur Folge haben können, auch wenn sie sich nicht als „Mangel" im technischen Sinne darstellen, als Revisionsgrund aufzufassen. Der OGH. schließt sich dieser Auffassung aber eher zögernd an[26]. Für den deutschen Rechtsraum liegt hier kein Problem, weil die weite Fassung des § 550 dZPO. diese Frage erst gar nicht aufwirft.

Schwierig ist die Abgrenzung der Verfahrensverstöße von der unrichtigen Beweiswürdigung. Die etwas unklare und auch in Rechtsprechung und Literatur nur sehr stiefmütterlich behandelte Vorschrift des § 561 Abs. 2 dZPO.[27] läßt den Schluß zu, daß die Bekämpfung der Beweiswürdigung grundsätzlich und endgültig der Beurteilung des Revisionsgerichtes entzogen ist, selbst wenn man unrichtige Beweiswürdigung als Verletzung des § 286 dZPO. ansehen will. Zu einem ähnlichen Schluß muß man im österreichischen Rechte auf Grund der taxativen Aufzählung der Revisionsgründe kommen. Die daher erforderliche Abgrenzung zwischen Beweisrüge und Verfahrensrüge ist wohl wie folgt zu treffen: Wenn die richterliche Vorgangsweise bei der Beweiserhebung ohne Rücksicht auf das allfällige Ergebnis der richterlichen Tatsachenbeurteilung ein Verfahrensgesetz verletzt, dann ist diese Gesetzesverletzung revisibel; ist dagegen kein Verfahrensgesetz verletzt worden, sondern nur der im § 286 dZPO. und § 272 öZPO. enthaltene Wertungsmaßstab des Richters bei „Würdigung der Beweise", dann handelt es sich um eine irrevisible Frage der Beweiswürdigung[28].

Problematisch ist die Abgrenzung der Tatfrage von der Rechtsfrage, damit auch der irrevisiblen Beweiswürdigungsrüge von der dem Höchstgericht offenstehenden Rechtsrüge. Ich möchte hier die Fülle der Gedanken und die Summe der Lösungsversuche[29] nicht vergrößern, zumal eine Patentlösung

---

[25] 26. 9. 1961, Arb. 7428; 24. 11. 1959, JBl. 1960 S. 156. u. v. a.

[26] Vgl. dazu *Fasching*, Kommentar IV Anm. 28 zu § 503.

[27] Vgl. dazu etwa *Stein-Jonas-Grunsky*, § 561 III, oder *Baumbach-Lauterbach*[30], § 561 4 A.

[28] *Fasching*, Kommentar IV Anm. 13 zu § 503.

[29] Siehe dazu insbesondere *Kuchinke*, Grenzen der Nachprüfbarkeit tatrichterlicher Würdigung und Feststellungen in der Revisionsinstanz; *Schwinge*, Grundlagen des Revisionsrechts[2]; *Henke*, Die Tatfrage; u. v. a.

unmöglich ist. Der Grund hierfür liegt in der Inkonsequenz jedes Gesetzgebers, der die Grenze zwischen generalisierendem Rechtsbegriff und dem Sprachbegriff des täglichen Lebens immer wieder verwischt. Dies ist bedingt durch die Unmöglichkeit einer strengen sprachlichen Trennung von Sach- und Rechtsbegriff[30]. Dennoch möchte ich auch hier darauf hinweisen, daß die deutsche und die österreichische Rechtsprechung und Rechtslehre eigene Wege gegangen sind. Ich greife nur die *Anwendung unbestimmter Rechtsbegriffe* auf. Folgt man den deutschen Abgrenzungskriterien, die sich offenbar weniger am Gesetz als an den im Gesetz nicht verwirklichten Motiven für die Regelung des § 549 Abs. 1 dZPO. orientieren, dann kommt man zu dem Ergebnis, daß hier als revisible Rechtsfrage nur angesehen wird, was über den Einzelfall hinaus allgemeine Bedeutung erlangen kann[31]; mit anderen Worten, die Ausfüllung unbestimmter Rechtsbegriffe wird nur soweit für revisibel gehalten, als es sich nicht bloß um die Subsumtion des konkreten Sachverhaltes unter den unbestimmten Rechtsbegriff handelt[32]. Die Revisibilität wird auch dann verneint, wenn der Tatrichter trotz allgemeiner Bedeutung des Falles seine Entscheidung von „nicht nachvollziehbaren Imponderabilien des persönlichen Eindruckes der Beteiligten oder der Umstände des Sachverhaltes abhängig gemacht"[33] hat. Der von der deutschen Rechtsprechung und Rechtslehre gegangene Weg scheint eine Bruchlinie in seiner Begründung zu haben. Das Gesetz macht jede Verletzung der im § 549 (1) dZPO. genannten Gesetze revisibel. Es mußte daher genügen, zu prüfen, ob ein Gesetz verletzt wird. Die weitere Einschränkung, daß eine Gesetzesverletzung nur dann als Rechtsrüge behandelt werden kann, wenn sie gleichzeitig aus Gründen der Wahrung der Rechtseinheit wahrgenommen werden soll, steht nicht ausdrücklich im Gesetz; hier werden offenbar lex lata und rechtspolitische Erwägungen systemwidrig verknüpft.

Anders der österreichische Weg. Hier herrscht die grundsätzliche Auffassung, daß als rechtliche Beurteilung jede Subsumtion eines Sachverhaltes unter einen Rechtsbegriff aufzufassen ist, gleichgültig, ob die Subsumtion über die Bedeutung des Einzel-

---

[30] *Stein-Jonas-Grunsky*, § 549 III B.
[31] *Schwinge*, aaO. S. 123; *Stein-Jonas-Grunsky*, § 549 III B.
[32] Vgl. auch *Jesch*, in AöR 82 S. 163 ff.
[33] *Stein-Jonas-Grunsky*, § 549 III B.

falles hinaus erheblich wird, Dies und nichts anderes kann dem österreichischen Gesetz entnommen werden.

c) *Insbesondere die Rechtsrüge*

Liest man den § 549 Abs. 1 dZPO., der die revisiblen Rechtsvorschriften umschreibt, dann hat man einen Kurzabriß der deutschen Geschichte des 19. Jahrhunderts und die schwierige Aufgabenstellung für das Reichsgericht vor Augen. Daß eine solche Betonung der ursprünglichen Aufgabe des Reichsgerichtes bei Akzentuierung der Bundesstaatlichkeit zur Erzielung der Rechtseinheit notwendig schien, ist verständlich. Inzwischen hat sich die Lage aber gründlich gewandelt. Außerdem ist auch wohl inzwischen allgemein erkannt worden, daß es zur zentralen Aufgabe eines Höchstgerichtes in einem modernen Rechtsstaat gehört, alle von den Gerichten angewendeten Rechtsnormen zu überprüfen[34]. Ich verweise hier nur auf die Unbilligkeiten und der Ungereimtheiten, die es mit sich bringen, daß die anzuwendende Vorschrift über den Sprengel des Oberlandesgerichtes hinaus Geltung haben muß[35]. Anders und einfacher liegt die Sache in Österreich, weil § 503 Z. 4 ZPO. nur von einer „unrichtigen rechtlichen Beurteilung der Sache" spricht, ohne die in Frage kommenden Rechtsquellen zu bezeichnen oder einzuschränken[36].

Hier ergeben sich nun eine Reihe von Konsequenzen.

Die augenfälligste betrifft die *Revisibilität des ausländischen Rechtes*. Sie ist in Österreich praktisch unbestritten[37]. Anders ist dies in der Bundesrepublik Deutschland, wo ausländisches Recht grundsätzlich als irrevisibel gilt. Im Jahre 1877 war es sicher notwenig, dem Reichsgericht vornehmlich die Wegbereitung der materiellen Rechtseinheit zuzudenken; es war mit dieser Aufgabe tatsächlich voll ausgelastet. Mit dem Inkrafttreten des BGB. und des Einführungsgesetzes hiezu war aber genügend Kapazität dafür frei geworden, die im Wege einheitlichen Reichsrechtes, des Einführungsgesetzes zum BGB., als anzuwendend erklärten

---

[34] Vgl. dazu *Schwinge*, 58 ff.; *Esser*, JZ. 1962 S. 513, u. a.
[35] *Wieczorek* III § 549 A I a 2.
[36] *Fasching*, Kommentar IV Anm. 31 ff. zu § 503 ZPO.
[37] Vgl. *Pollak*, System S. 478 ff.; *Fasching*, Kommentar IV Anm. 31 zu § 503 ZPO.; abweichend W. *Kralik* in ZfRV. 1962 S. 75.

Vorschriften des ausländischen Rechtes materiell zu überprüfen.
Daß das Reichsgericht auch nachher an der aus dem Gesetz selbst
nicht zwingend ableitbaren Irrevisibilität ausländischen Rechtes
festgehalten hat, mag seine Ursache nur zu einem Teile in dem
sogar noch heute beim BGH. (der aber Ansätze zu einer Ände-
rung dieser Auffassung zeigt) stereotyp wiederkehrenden Argument haben, daß das ausländische Recht mit der gesamten ausländischen Rechtsprechung eine Einheit bilde, also nicht vom
deutschen Standpunkt aus ausgelegt werden könne[38]. Ebenso
entscheidend scheinen hier gerichtsentlastende Erwägungen mit-
zuspielen. Das Argument, daß ausländische Rechtsnormen nicht
nach deutschem Sinne auslegbar seien, ist theoretisch unhaltbar
und praktisch überholt. Durch die Verweisung einer inländischen Vorschrift auf ausländische Rechtsnormen werden diese
kraft Gesetzesbefehles für den konkreten Rechtsfall materiell
Bestandteil der inländischen Rechtsordnung[39]; außerdem —
wieso dürfen die Untergerichte sehr wohl ausländisches Recht
vom deutschen Gesichtspunkt her auslegen; gilt für die Unter-
instanzen die behauptete Einheit der ausländischen Rechtsordnung nicht? Dieser Einwand ist aber auch praktisch überholt.
Das Schrifttum ist so international, Entscheidungssammlungen
der Einzelstaaten und des internationalen Rechtes sind so ver-
breitet, lückenlos und allgemein zugänglich geworden, daß ein
Gericht von der Qualität des Revisionsgerichtes jeden Ausle-
gungsgesichtspunkt berücksichtigen kann. Rechtspolitisch schließlich ist diese Auffassung vollends unhaltbar geworden: die
zunehmende Verflechtung von Bevölkerung und Wirtschaft, das
lawinenartige Anwachsen der internationalprivatrechtlichen
Rechtsfälle und die politischen, wirtschaftlichen und rechtlichen
Integrationstendenzen lassen den Standpunkt der Irrevisibilität
ausländischen Rechts als Anachronismus erscheinen, als eine un-
vertretbare Selbstbeschränkung der Entscheidungsgewalt, und
schließlich als eine empfindliche Lücke des Rechtsschutzes der
eigenen Rechtsgenossen und damit als Verstoß gegen die grund-
gesetzlich fundierte Rechtsschutzaufgabe der Gerichte. Die Entwicklung des Internationalen Privatrechts sollte auch in
Deutschland nicht Sache der hier zweifellos verdienstvollen

---

[38] Vgl. BGH. in NJW. 1959 S. 1873, u. v. a.
[39] Gegenteilig RG. 63, 318; 78, 49; RG. JW. 1926 S. 1337; RG. 96, 96.

Wissenschaft bleiben, denn Rechtsschutz ist Staatsaufgabe und damit vor allem Aufgabe der hierzu berufenen Staatsorgane, der Gerichte, und hier wiederum bahnbrechend des Revisionsgerichts, das eine echte Leitfunktion besitzt. Die diesbezüglichen behutsamen Versuche des BGH., die auf Erweiterung der Revisibilität zielen[40], sind zu begrüßen und zu ermuntern.

Weniger problematisch für den deutschen Rechtskreis ist die in Österreich gelegentlich schwankend beurteilte Frage, ob und inwieweit *Erfahrungssätze* revisibel sind[41]. Die uneingeschränkte Revisibilität von Erfahrungssätzen scheint mir allerdings zu weit zu gehen. Soweit Erfahrungssätze zur Gewinnung des Sachverhaltes benützt werden, dienen sie der Lösung der Tatfrage und sind nicht revisibel. Ergänzt der Erfahrungssatz dagegen eine gesetzliche Norm und wird zu ihrer Auslegung herangezogen, dann steht er auf der Stufe eines Rechtssatzes und wird damit revisibel. Damit scheint auch eine befriedigende Lösung naheliegend, inwieweit das Revisionsgericht *Sachverständigengutachten* überprüfen kann. Wenn der Sachverständige zur Ermittlung von ausländischem Recht, Privilegien oder Statuten bestellt wurde, ist das Ergebnis seiner Ermittlung als rechtliche Beurteilung revisibel. In Rechtsfragen ist der Sachverständige aber nur ausnahmsweise bestellt. Seine Hauptaufgabengebiete sind Tatsachenfeststellungen und die Übermittlung von Erfahrungssätzen. Die Tatsachenfeststellungen des Sachverständigen selbst sind nicht bekämpfbar, außer der Sachverständige ist zu diesen nur gelangt, indem er seine Schlußfolgerungen unter Außerachtlassung zwingender Denkgesetze oder zwingender Gesetze des sprachlichen Ausdruckes getroffen hat. Hat er bei der Erstattung von Befund und Gutachten verfahrensrechtliche Vorschriften zwingenden Charakters verletzt, dann ist das Gutachten ebenfalls (nach österreichischem Recht unter dem Gesichtspunkt des Verfahrensverstoßes) mit Revision bekämpfbar. Für die vom Sachverständigen mitgeteilten und vom Gericht angewendeten Erfahrungssätze gilt das vorhergesagte: Soweit diese Erfahrungssätze zur Gewinnung von Tatsachen verwendet werden, ist das Gutachten diesbezüglich irrevisibel;

---

[40] So im Rahmen des Art. 27 EGBGB.: BGH. in NJW. 1958 S. 750; BG 45,351 = NJW. 1966 S. 2270. Unter dem Gesichtspunkt des deutschen ordre public OGHZ. 4,254.

[41] *Rosenberg-Schwab* S. 757.

soweit das Gutachten und die darin enthaltenen Erfahrungssätze die zur Subsumtion erforderlichen Rechtsnormen ergänzen,
sind sie mit Revision bekämpfbar.

Besondere Bedeutung kommt diesem Fragenkomplex im Ab-
stammungverfahren zu, wo die medizinisch-anthropologischen
Experten bei der Suche nach dem positiven Abstammungsbeweis
mit Fleiß und Eifer bestrebt sind, den Gerichten in kurzen Ab-
ständen stets neue, aufwendige Untersuchungsmethoden als Ab-
stammungsbeweise zu präsentieren. Hier hat sich das deutsche
Reichsgericht und vor allem der BGH., seiner Verantwortung
bewußt, niemals der Entscheidung entzogen. Die Grenze zur
Beweiswürdigung ist auch hier klar erkennbar, wenn auch in
der Praxis häufig verwischt. Die abstrakte Tauglichkeit eines
Beweismittels oder einer wissenschaftlichen Untersuchungsmethode unterliegt der Beurteilung des Revisionsgerichtes, denn die
Benützung abstrakt untauglicher Erkenntnisquellen als Beweis-
mittel verstößt gegen die Verfahrensgesetze[42]. Ob auf Grund
eines als abstrakt tauglich anerkannten Untersuchungsverfah-
rens die konkreten Ergebnisse ausreichen, um die Wahrschein-
lichkeit oder Unwahrscheinlichkeit der Zeugung anzunehmen,
ist Beweiswürdigung. So ist das Revisionsgericht auch imstande
seiner Aufgabe zur Wahrung der Rechtseinheit und seiner Leitfunktion zu genügen.

An diesem aktuellen Beispiel zeigt sich, welche Leitfunktion
dem Höchstgericht zukommt und welche tiefgreifenden Folgen
jeder Versuch hat, sich dieser Aufgabe zu entziehen. Der österreichische OGH. hat bis vor etwa zwanzig Jahren ebenfalls die
Eignung der Untersuchungsmethoden als revisibel behandelt
und die Rechtsprechung der Untergerichte maßvoll gelenkt. Als
sich dann die biologischen Untersuchungsmethoden immer mehr
häuften, erklärte er auf einmal, es sei irrevisible Beweiswürdigung, wenn ein Untergericht auf Grund einer biologischen
Untersuchungsmethode die Vaterschaft als bestehend oder als
widerlegt ansehe, und welchen Erkenntniswert die verwendete
Methode besitze[43]. Diese Schwenkung hatte nunmehr eine weit-
verbreitete Unsicherheit der Gerichte zur Folge, die sich unter
anderem auch in einer Vervielfachung der vom Staate getrage-

---

[42] *Fasching*, Kommentar IV Anm. 42 zu § 503 ZPO. OGH. in EFSlg.
5583.
[43] Vgl. etwa für die Rhesusfaktoren OGH. 9. 2. 1955, EvBl. 1955 Nr. 236.

nen Kosten für arme Parteien für die vielfältigsten Unter-
suchungen äußerte, weil sich jedes Gericht bemüßigt sah, jede
auch nur angedeutete neue Methode sofort anzuwenden, um sich
keiner Unterlassung schuldig zu machen. Der OGH. hat dann
nach und nach bei einem Teil der Senate wieder der alten
Rechtsprechung zugeneigt, während andere Senate an der neuen
Auffassung festgehalten haben[44]. Gerade das war dann letztlich völlig unhaltbar, weil es das Ergebnis weitgehend den
Zufälligkeiten der Geschäftsverteilung überläßt[45].

Bei einem weiteren Problem hat die deutsche Rechtslehre und
Judikatur frühzeitig eine brauchbare Lösung gefunden: sie hat
im allgemeinen die Revisibilität der logischen Denkgesetze und
der objektiv überprüfbaren zwingenden Gesetze des sprachlichen Ausdrucks bejaht[46]. In Österreich fehlte es bis vor kur-
zem an Judikatur und auch die Rechtslehre hat erst in letzter
Zeit hiezu Standpunkt bezogen. Da jede Rechtsnorm nur durch
das Medium der Sprache anwendbar und gleichzeitig das Ergebnis allgemeiner, objektiv überprüfbarer Denkgesetze ist, setzt
der Gesetzgeber sowohl die Verwendung der Denkgesetze wie
der Sprachgesetze zwingend voraus, ohne sie in jeder einzelnen
Rechtsnorm ausdrücklich erwähnen zu können. Daher ist ihre
Verletzung der Rechtsverletzung gleichrangig und somit revisibel. Das gilt selbst für die Verwendung dieser Gesetze bei der
Gewinnung von Tatsachenfeststellungen. Wenn also die Beweiswürdigung einen Verstoß gegen die Logik erkennen läßt, dann
liegt darin eine gesetzwidrige Anwendung der Normen über die
Beweiswürdigung. Dem Revisionsgericht wird dadurch aber
nicht die Last der Beweiswürdigung aufgebürdet, denn es hat bei
der Behandlung einer solchen Rüge auch hier zu prüfen, ob
losgelöst von dem Ergebnis des Einzelfalles die logische Opera-
tion oder sprachliche Schlußfolgerung des Gerichtes in abstracto
logisch oder sprachlich unmöglich war[47].

---

[44] *Fasching*, Kommentar IV Anm. 42 zu § 503.
[45] Dieser Zustand wird sich allerdings wohl ändern, sobald das am
1. 7. 1971 in Kraft tretende Bundesgesetz über die Neuordnung der Rechts-
stellung des unehelichen Kindes vom 30. 10. 1970, ÖBGBl. 1970 Nr. 342, vom
Revisionsgericht anzuwenden sein wird, weil die Neuformulierung des
Gesetzes dann die meisten Zweifel über die Abgrenzung von Tat- und
Rechtsfrage in diesem Bereich bereinigt.
[46] Vgl. *Klug*, FS. für *Möhring*, S. 365.
[47] *Fasching*, Kommentar IV Anm. 32 zu § 503.

d) *Zum Revisionsverfahren*

Hier möchte ich nur den bedeutendsten Unterschied herausgreifen. Nach deutschem Rechte ist eine Sachentscheidung über die Revision nur nach mündlicher Verhandlung möglich (§ 555 dZPO.), während nach österreichischem Recht das Revisionsgericht über die Revision grundsätzlich in nicht-öffentlicher Sitzung entscheidet. Wohl ist auch nach österreichischem Rechte die Anberaumung einer Revisionsverhandlung möglich, doch haben nur einige wenige, und diese nur bis spätestens zum Jahre 1906, stattgefunden. Lediglich in letzter Zeit hat das Höchstgericht eine vereinzelte mündliche Revisionsverhandlung anberaumt.

Deutsche und ausländische Kritiker erachten in der Schriftlichkeit des Revisionsverfahrens einen erheblichen Mangel der österreichischen Revision gelegen. Sie vermissen dabei das „Rechtsgespräch" zwischen Senat und Anwälten, da die mündliche Erörterung der Rechtsfrage in der Regel eine verbesserte Behandlung und vertiefte Befassung mit der Materie bringe. Dies ist sicher richtig, allerdings nur unter bestimmten gesetzlichen Voraussetzungen, die in Österreich nicht bestehen. In Deutschland ist im Zivilprozeß nur ein bestimmter, zahlenmäßig begrenzter und wohl auch qualitativ ausgewählter Kreis von Rechtsanwälten mit dem Monopol der Vertretung vor dem Revisionsgericht ausgestattet[48]. Diese übersehbare, spezialisierte Anzahl von Rechtsanwälten steht in ständigem Kontakt mit dem BGH., ist fast ausschließlich mit Revisionen befaßt und darauf spezialisiert, kennt die Rechtsprechung des BGH. und weiß auch alle Möglichkeiten der Revisionsverhandlung und des Sachvortrages auszuschöpfen. Unter solchen Voraussetzungen kann vom „Rechtsgespräch" Bereicherung und entsprechendes Niveau vorausgesetzt werden. — In Österreich ist es leitender Grundsatz des Anwaltsrechtes, daß jeder Rechtsanwalt vor jedem Gericht und jeder Behörde des ganzen Bundesgebietes auftreten darf[49]. Es gibt kein Zulassung zu bestimmten Gerichten, insbesondere auch nicht zum Obersten Gerichtshof, und damit auch kein Vertretungsmonopol. Das bedeutet, daß der einzelne Rechtsanwalt die anfallenden Revisionen neben seinen anderen Agenden verfaßt und sich kaum — schon wegen der geringen Anzahl der Fälle und wegen der Hauptmasse lukra-

---

[48] Vgl. §§ 164 ff. BRAO., insbesondere § 171 BRAO.
[49] § 8 der österr. Rechtsanwaltsordnung.

tiverer anderer Tätigkeit — auf Revisionsverfahren, Revisions-
vortrag und Rechtserörterung spezialisieren kann. Unter diesen
Voraussetzungen ist eine mündliche Revisionsverhandlung ad
pompam vel ostentationem. Daß der OGH. solche Verhandlungen nicht ansetzt, ist erklärbar und gerechtfertigt. Der
behauptete Nachteil des österreichischen Revisionsverfahrens hat aber auch einen entscheidenden Vorteil: Während nach
den statistischen Angaben der Justizministerien in Deutschland
ein Revisionsverfahren vom Einlangen des Aktes bis zu dessen
Rückleitung durchschnittlich länger als ein Jahr dauert, beträgt
die durchschnittliche Dauer des Revisionsverfahrens in Österreich 13 Wochen. Auch hier haben, wie im übrigen Prozeß erster
Instanz und im Rechtsmittelverfahren, der österreichische Pro-
zeßgesetzgeber und die Praxis sich für Rechtssicherheit durch
Raschheit entschieden.

III. Erkennbare Entwicklungstendenzen

a) Verlust der Ausnahmestellung der Revision

Bei einem *Vergleich der Entwicklungstendenzen* zeigt sich
auch hier vorerst eine gemeinsame Tendenz: Die Revision ist im
Begriffe, ihre Exzeptionalität und Exklusivität zu verlieren.
Sie ist längst nicht mehr so außergewöhnlich und mit Selten-
heitswert behaftet wie zur Zeit des Inkrafttretens der Zivilpro-
zeßgesetze: Die Ursachen dafür sind aber in Deutschland und in
Österreich etwas verschiedene. In Deutschland ist es vor allem das
Auftreten der verschiedenen selbständigen Zweige der Gerichtsbarkeit, das eine Mehrzahl oberer Bundesgerichte und damit
auch eine Mehrzahl von verschiedenen gerichtlichen Verfahren
und Revisionen zur Folge hat. Daß es nunmehr sowohl den
Bundesgerichtshof wie auch das Bundesarbeitsgericht, das Bun-
dessozialgericht, den Bundesfinanzhof und last not least das
Bundesverwaltungsgericht als Revisionsgerichte und dazu die
entsprechende Möglichkeit jeweiliger Revision gibt, läßt die
Anzahl der Revisionen anschwellen und bringt eine Bedeu-
tungsverteilung mit sich.

In Österreich ist die Ursache eine andere. Wir haben noch
immer das Leitbild einer einzigen Vollgerichtsbarkeit und damit
auch nur eines Revisionsgerichtes und einer einzigen Type der
Revision beibehalten. Aber die Revisionsbeschränkungen (wir

hatten primär den Typ der Streitwertrevision) sind durch die Inflationstendenzen der letzten Jahrzehnte weitgehend hinfällig geworden. Sie werden auch nur ungenügend korrigiert, weil sie unglücklicherweise sachfremden Beurteilungen unterliegen. Insbesondere führt — zwar nicht klar ausgesprochen — eine falsch verstandene Auslegung des Gleichheitsgrundsatzes zu der Schlußfolgerung, jeder Staatsbürger solle sein Recht auf drei Instanzen in allen Sachen haben. Damit ist notwendigerweise eine Überlastung des Obersten Gerichtshofes verbunden. Um diesen funktionsfähig zu erhalten, muß der Personalstand erheblich erweitert werden. Das Reservoir an Persönlichkeiten, die für die höchstqualifizierte Aufgabe eines Revisionsrichters zur Verfügung stehen, ist aber beschränkt. So muß zwangsläufig diese Entwicklung zu einem Qualitätsverlust führen. Dies wird aber außer acht gelassen; man scheint den Qualitätsverlust und die irreparablen Folgen für die gesamte Rechtsgemeinschaft eher in Kauf nehmen zu wollen als eine Besinnung auf die tragenden Aufgaben eines Höchstgerichtes.

b) Funktionswandel der Revisionsentscheidung

In der deutschen Bundesrepublik äußert sich dieser Funktionswandel darin, daß die Revisionsentscheidung immer mehr ihre gesetzliche Aufgabe, richterliches Urteil in einem Streitfall zu sein, verliert. Es ist viel in der deutschen Literatur über die Wandlung des Selbstverständnisses des Bundesgerichtshofes und über die Wandlung seiner Entscheidung von Urteilen zu Entscheidungen mit „lehrbuchartigem Charakter" geschrieben worden. Es kommt in dieser Tendenz ein zweifellos weitergehender Wandlungsprozeß zum Ausdruck. Der Bundesgerichtshof übernimmt immer mehr gesetzesergänzende Funktion. Ob damit wirklich ein entscheidender Schritt vom Gesetzesrecht zum Richterrecht getan wird, wage ich schon angesichts der in diesem Punkt nicht ganz bruchlinienfreien Konzeption des Grundgesetzes nicht zu sagen. Sicher ist jedenfalls eines: die Entscheidungen des Bundesgerichtshofes enthalten in ihrer Mehrzahl auch Begründungen, die zur Lösung des Einzelfalles nicht notwendig waren. Die Anzahl der Hilfs- und Eventualbegründungen steigt in einem Maße, der das Höchstgericht auf lange Sicht vermutlich wegen der Präjudizierungen in Schwierigkeiten bringen wird. Es ist allerdings nicht zu verkennen, daß die Entschei-

dungsbegründungen des Bundesgerichtshofes eine Fundgrube für
die Wissenschaft und eine Zusatzbelastung für Referendarprü-
fungen sind. Dieser „Lehrbuchcharakter" hat aber nicht nur
Nachteile: Er ist ein Indiz für die Argumentierfreudigkeit und
Aufgeschlossenheit des Bundesgerichtshofes, durch die er sich
von manchem anderen Höchstgerichten entscheidend unterscheidet.

In Österreich scheint sich bei der Revisionsentscheidung eher
ein Wandel in die andere Richtung anzudeuten. In den letzten
Jahren scheint sich der OGH. immer seltener und zögernder von
Vorentscheidungen entfernen zu wollen. Die konservative Linie
der Rechtsprechung wird immer deutlicher. Indiz dafür ist nicht
nur der Umstand, daß für jede Rechtsmeinung nach einer Vor-
entscheidung gesucht und eine solche nach Möglichkeit zitiert
wird, sondern auch, daß viele Rechtsmeinungen einfach mit dem
Hinweis auf die „ständige Judikatur" begründet werden, ob-
wohl dies nicht in dem hierfür erforderlichen Maße belegbar ist.
Es scheint (schon wegen der Arbeitsüberlastung — immerhin
erledigt der OGH. in einem Jahr mehr als 3500 Rechtssachen
— und aus den Gründen der Aufblähung des Personalstandes:
es sind jetzt ca. 50 Richter in Zivil- und Arbeitsgerichtssachen
tätig) immer mehr zu (übrigens auch dem BGH. nicht fremden)
Kurialfloskeln und apodiktischen Äußerungen gegriffen zu werden, um eine faktische Gerichtsentlastung zu erreichen. So
kehren die durch das Gesetz in keiner Weise gedeckten Rechtsmeinungen immer wieder, daß im Revisionsverfahren ein Mangel des erstgerichtlichen Verfahrens nicht mehr gerügt und wahrgenommen werden könne[50], und, daß eine im Revisionsverfahren erhobene Rechtsrüge unbeachtlich bleibe, wenn der Revi-
sionswerber nicht schon im Berufungsverfahren eine Rechtsrüge
erhoben hat[51]. Daß sich mit solchen Sprüchen eine faktische
Gerichtsentlastung erzielen läßt, ist klar — dennoch gehört dies
in die Kompetenz des Gesetzgebers.

Man wirft dem Obersten Gerichtshof aber auch eine gewisse
Argumentationsfeindlichkeit vor; manche meinen, daß er auf
Weiterentwicklungen der Rechtslehre nicht genügend Bedacht

---

[50] 18. 11. 1964, EvBl. 1965 Nr. 188; 24. 10. 1962, ZVR. 1963 S. 187;
8. 1. 1954, SZ XXVII 4, u. v. a., die sich alle auf die unergiebige E. v.
20. 7. 1949, SZ. XXII 106, stützen.
[51] 17. 6. 1959, EvBl. 1959 Nr. 283; 30. 8. 1966, EvBl. 1967 Nr. 64, u. v. a.

nehme und diesbezügliche Publikationen nicht berücksichtige[52]. Das aber liegt auf der — durchaus auch positiv zu beurteilenden — Linie des Obersten Gerichtshofes, überflüssige theoretische Auseinandersetzungen, weitwendige Begründungen, Hilfsbegründungen und obiter dicta zu vermeiden[53]. Daß eine solche Beschränkung oder Begründung von Entscheidungen für die Rechtswissenschaft eher trockenes Brot bedeutet, muß in Kauf genommen werden, solange das Höchstgericht damit seine richterliche Funktion voll und zugleich rasch erfüllt. Dies sogar dann, wenn es manchmal den Glossatoren von Entscheidungen unerträglich erscheint, daß das Höchstgericht von einer vernichtenden Entscheidungskritik eines Universitätsassistenten nicht hinreichend Notiz nimmt.

Der Tendenz zum Lehrbuch auf der einen Seite steht also die Tendenz zur konservativen, auf Präjudikate gegründeten, auf die knappste Begründung gestützten Entscheidung auf der anderen Seite gegenüber.

IV. Eigencharakter der Revision

Alle bisherigen Erörterungen und Vergleiche haben stillschweigend oder ausdrücklich die „Exklusivität" der Revision vorausgesetzt und bestätigt. Die Revision ist in unserem Rechtsleben (außer für die Mitglieder der Revisionsgerichte und die dort zugelassenen Rechtsanwälte) die diffizilste und letzte Stufe der prozessualen Rechtsverfolgung, die an sich nur im Ausnahmsfalle beschritten werden sollte. Nirgendwo zeigen sich auch die Grenzen deutlicher, die der Rechtsverfolgung und der menschlichen Rechtsfindung gesetzt sind, als gerade hier, Und nirgendwo zeigt sich auch deutlicher als bei der Revision, daß Rechtsentscheidung und Ablauf des Lebens umso weiter auseinanderklaffen, je mehr zeitliche und instanzenmäßige Distanz

---

[52] Siehe dazu die Entscheidungsglossen in den JBl. und der ZfRV. in den Jahren ab 1955 bzw. 1960.

[53] Damit folgt der österreichische Oberste Gerichtshof einer seit Bestehen des Höchstgerichtes (also seit 1850) existierenden Tradition, die Entscheidungsbegründungen auf das wesentlichste zu beschränken. Wenn er in unserer mitteilungsfreudiger gewordenen Zeit vereinzelt von dieser wohlbewährten Übung abgewichen ist, dann war dies in der Regel weder für das Höchstgericht selbst noch für die Rechtsentwicklung von besonderem Vorteil (vgl. etwa Spr. 50 neu v. 21. 5. 1958, EvBl. 1958 Nr. 258 = JBl. 1958 S. 365; dazu 4. 2. 1959 EvBl. 1959 Nr. 79).

zwischen dem Geschehen und der Entscheidung liegen. Vorgänge und Entscheidungen des täglichen Lebens sind in die Zeit und den Zeitablauf eingebettet; sie können nicht beliebig sistiert oder restituiert werden. Neben der überholenden Kausalität im Schadenersatzrecht gibt es letztlich auch im Prozeßrecht eine überholende Kausalität des Lebens gegenüber der Rechtsentscheidung.

Das erste typische Charakteristikum der Revision ist die bewußte Distanz zwischen dem im Zeitpunkt der Revision vorliegenden Geschehen (dem „Leben", wie wir vergröbernd bildlich sagen können) und dem vom Revisionsgericht angenommenen Sachverhalt. Das zweite, schon erwähnte und damit im Zusammenhang stehende Charakteristikum liegt in der Gefahr oder Möglichkeit, daß die Entscheidung bereits durch das tatsächliche Geschehen oder durch persönliche oder wirtschaftliche Entscheidung überholt wurde und für den Einzelfall daher bereits ins Leere fallen kann. Damit aber die Entscheidung des Revisionsgerichtes überhaupt gerechtfertigt bleibt, muß sie in Blickrichtung auf künftige Fälle getroffen werden, um für diese bereits eine bindende und allenfalls präventive Richtlinie zu geben[54]. So zeigt sich als weiteres Eigenmerkmal, daß die Rechtfertigung und Bedeutung der Revision und ihrer Entscheidung im Endergebnis vielleicht sogar weniger für den konkreten Rechtsfall als vielmehr auch für künftige gleichartige Fälle besteht. Mit dieser Blickrichtung auf künftige Fälle ist notwendigerweise aber das letzte besonders charakteristische Erfordernis der Revision verbunden: die Notwendigkeit zur Abstraktion und die Konzentration auf das Grundsätzliche.

Diese vier Eigenschaften — die Lebensdistanz, die Bedrohung der Überholung durch den Zeitlauf, die Blickrichtung auf künftige Fälle und die Konzentration auf das Grundsätzliche — begründen die „Exklusivität" der Revision, ihre wesensmäßige Sonderstellung gegenüber den anderen Rechtsmitteln.

Diese Sonderstellung der Revision und ihrer Entscheidung, die hier zu skizzieren ich versuchte, hat ein anderer, der ebenso wie ich einmal Richter war, der aber sich dann wortgewaltig der

---

[54] Siehe dazu *Hanack*, Der Ausgleich divergierender Entscheidungen in der oberen Gerichtsbarkeit; ferner Fasching, Zur verfassungsrechtlichen Rechtfertigung der Bindung des Obersten Gerichtshofes an seine Grundsatzentscheidungen, FS. f. *Hans Schima* S. 133 ff.; *Bruns*, Zivilprozeßrecht S. 169 ff.

Dichtung zuwandte, Anton Wildgans, intuitiv in seinem Gedicht
„Die letzte Instanz" erfaßt und ausgedrückt[55]. Lassen Sie mich
mit den wesentlichen Zeilen dieses Gedichtes schließen:

„ . . . während ihnen
der eine aus dem Akt ein strenges Bild
des Falles gibt, der längst sich abgespielt
und irgend fernewo im weiten Reiche.

Gelärm und Leidenschaft des Streites schrillt
nicht bis zu ihnen her. Was Jagen war
nach Sieg und Vorteil, schon *ein Jahr*
vielleicht ist es gebannt,
gefangen in Gehirne. Sichtender Verstand
hat es geordnet, regelrecht durchdacht
und mit der Klarheit manch' durchwachter Nacht
durchleuchtet.

Und nun, des wirren Beiwerks bloß und bar
ist es auf einmal nicht mehr ohnegleichen
und trägt für ihren scharfen Blick das Zeichen
dessen, was schon zu tausend Malen war.

Vielleicht daß noch ein Nichts, ein Etwas bleibt,
das diesen Fall von andern unterscheidet,
allein die Hand, die an dem Urteil schreibt,
vermeidet,
daran zu rühren, weil es nicht entscheidet . . .“

---

[55] *Anton Wildgans,* Gedichte, Neuausgabe Wien 1953, S. 48.